JN438126

장 문 두줄시집

바다에서 사람들은

문학공원 시선 214

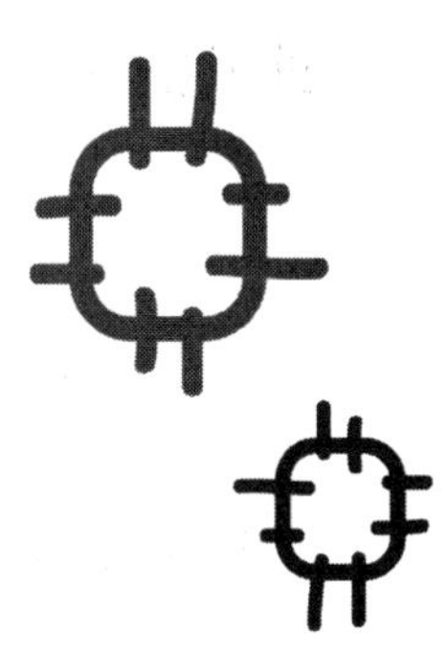

장 문 두줄시집

바다에서 사람들은

누가 그었나
영영 가는 상처를 두고 수평선이라 부른다

누구든 읽기 쉬운 매력적인 두줄시집
마음을 다친 당신에게 전하는 따뜻한 시집

문학공원

책머리에

필자(張文)의 두줄시집을 만나는 독자님에 따라서는 "이런 시도 있었나?" 하면서 첫 장을 넘기는 인연의 분도 계시겠다.

두줄시는 2001년 3월 최병두, 고중영, 정중수, 조희범 시인 등 문인들이 주축이 되어, 시인 중심으로 읽혀지는 기존의 시가 아닌, 한글을 사용하는 사람이면 누구나 즐길 수가 있고, 두줄시를 짓는 순간 누구나 두줄 시인이 되도록 하기 위해 두줄로 쓰는 시의 세계를 개척해 발전시키고자 정식으로 출발시킨 시다.

물론 훨씬 이전에도 짧은 시라고 불리어지며 몇몇 시인들의 작품에서 두줄시는 있었지만, 그때는 두줄시가 아닌 짧은 시로서 창작이 되었던 것이고, 당당하게 두줄시라는 이름으로 두줄시 문단이 발족되었으며 2001년 12월의 〈두줄시 사랑〉이라는 창간호를 시작으로 매년 두줄 시집을 출간해왔다.

필자(張文)는 창간호에 함께하지 못하고 한 걸음 늦게 출발을 했지만, 두줄시에 대한 애착은 어느 시인에게도 뒤지지 않을 만큼 강하다.

그러나 아무리 국민시로 확대시키고 싶은 목표가 있다 해도 두줄로 지은 시를 모두 시라고 한다는 것은 무리가 있다. 시에는 시와 비시가 엄연히 존재하기 때문이다. 그렇다면 두줄시를 처음 만나고 짓고자 하는 분들에게 있어 시와 비시의 기준을 무슨 교육하듯이 개개인에게 설명드릴 수는 없다. 필자의 고민이 여기에 있었으며 그러한 고민 끝에 조금은 건방지게 들릴지 모르지만 교과서적인 두줄 시집으로 남겨두면 어떨까 하는 마음에서 이번 시집을 출간하는 것이다.

또 하나, 필자(張文)의 이번 시집 속에는 부록이 꾸며져 있다. 부록 속에는 혜민 김계은 시인과 서너 분의 문단 시인 외에는 40여 분 이상의 순수 아마추어분들의 작품이 실려 있다. 이분들은 모두 인터넷상의 블로그를 통해 인연이 된 이웃 분들인데, 필자(張文)가 홈페이지

겸 블로그로 사용하고 있는 블로그 〈시꽃마을〉을 통해 야후를 거쳐 다음넷과 네이버에 정착하기까지 시꽃마을을 방문해 주신 약 350여만 분 중에서 끝까지 함께 해주신 분들로 시꽃마을의 (즉흥시 즐기기)를 통해 시조와 동시·동시조·하이쿠·두줄시를 처음 짓기 시작하시면서 그중에 두줄시에 있어서도 적지 않은 편수의 작품을 낳아 주셨다. 또한 이분들은 필자 개인에게 있어 1996년의 악몽 같은 사업 실패 후 길고 긴 어둠의 터널을 지나야 했던 시기에 시로 만나고 대화를 나누었던 분들이었기에, 이제는 햇빛과 함께하며 살고 있는 필자로서 받은 것의 만 분의 일이라도 돌려드리고 싶은 데 어찌 해야 할까 고민하다 시집 속의 부록으로 작은 마음으로라도 보답하자며 선물로 드리는 것이다.

두줄시를 감상하시는 방법은 감동의 부분·코믹한 부분·재치 부분 ·폭발력 부분·반전 부분·작품적 부분 등을 살피시면서 각각의 두줄시 속에 흐르는 이야기를 길게 펼쳤을 때 어떤 사연의 이야기들을 들을 수가 있나 들여다보시면 더 좋은 감상이 되지 싶다.

끝으로 지금의 필자가 있기까지 한 분 한 분이 없었다면 나는 과연 지금처럼 햇빛을 즐길 수가 있을까 하는 생각에 사람은 결코 혼자 살 수 없다는 것을 깊이깊이 느낀다. 그렇듯이 이번 시집을 펼쳐 주신 또 누군가 독자님께도 그리 좋은 인연으로 만나지고 간직될 수 있다면 백 번 천 번 감사한 마음이다.

2022년 10월 15일

지은이 장 문 배상

〈서문〉

예술의 특수성 넘어선 놀이문화의 시

김 순 진(문학평론가 · 은평예총 회장)

장문 시인은 시조 시인이다. 그는 2008년에 시조집 『미완성 대동여지도』를 내놓아 시조단에서 그 필력을 인정받은 바 있다. 게다가 시조로 2017년에 한국스토리문인협회와 계간 스토리문학에서 주관한 제7회 스토리문학상을 받은 바 있다. 그리고 그는 소설가이다. 그가 지난해에 발간한 단편집 『끈』은 꾸준히 잘 팔리는 스테디셀러다. 이처럼 다양한 장르를 넘나들며 중견 작가의 길을 걷고 있는 그가 이번에는 색다른 장르인 두줄시집 『바다에서 사람들은』을 펴낸다. 실로 왕성한 창작활동에 부러움과 존경심이 묻어나온다.

이 세상 모든 것은 예술은 즐거울 때 그 생명이 유지되며 지루해질 때 단절된다. 사람들은 그 일이 즐거울 때 계속할 수 있으며 따분하다 느낄 때 그만두기 때문이다. 장문 시인이 지난 10년 동안 두줄시를 유지하며 지금까지 이어올 수 있었던 것은 그만큼 흥미로웠기 때문이고, 그렇게 느끼는 동료들이 많았기 때문에 한국두줄시인협회를 유지하며 지금껏 활동해올 수 있었다. 그리고 그들의 그러한 활동은 우리나라 문학인구의 확충이라는 특별한 공로를 세웠다고 평가한다.

그동안 수없이 많은 문학장르가 생겨나고 소멸되었다. 그때마다 재미있는 문학작품은 시, 시조, 동시, 소설, 수필, 희곡, 동화 등으로 발전을 거듭했고, 반면에 적벽부의 부(賦), 옥단춘전의 전(傳), 귀거래사의 사(辭), 옥루몽의 몽(夢), 상소문의 문(文), 계몽편의 편(篇), 전상서의 서(書), 고소장의 소(訴), 편지의 지(紙) 등 사라진 문학장르가 많으며, 그 명맥이 유지되었어도 수필이나 시, 소설 등에 흡수되었다. 또한 문학의 범주에서 계속 유지되지 못한 일부 장르는 법률 행정절차의 방법으로 전락하고 말았다.

우리는 짧은 시를 말할 때 흔히 시조를 떠올린다. 그리고 시조에 반한 일본의 문학형식을 말할 때 하이쿠를 말한다. 그런데 두 문학은 서로 다른 특성을 가지고 있다. 시조는 고려말부터 현재까지 문자를 통해 이어온 기록문학임에 반하여, 하이쿠는 끝말잇기처럼 입에서 입으로 전해져 온 구전문학의 형태이다. 하이쿠는 일본의 문학인구 저변 확대에 크게 기여했다는 평을 받는다. 사람들이 하이쿠를 시조에 견주지만 하이쿠는 엄연히 말하자면 문학이라기보

다는 놀이문화로서의 문학운동이지 문학의 장르라 볼 수 없다.

우리나라에서도 하이쿠와 운동이 없는 것은 아니다. 이를테면 삼천리 같은 운을 한 자 한 자 떼어가며 짓는 삼행시, 우리나라 같은 운을 한 자 한 자 떼어가며 짓는 사행시 같은 시 운동이 하이쿠와 같은 시운동의 일환으로 우리 생활에 자리를 잡은 지 오래다.

시조는 예로부터 엄연하게 이어져 온 문학의 한 장르였고, 사대부나 양반가의 사람들만 하는 예술이었다. 그런데 시조의 주제는 대부분, 성군(聖君), 즉 어진 임금을 위한 주제나 충성(忠誠), 나라에 충성을 부추기기 위한 주제, 그리고 효도(孝道), 부모님께 효도하는 주제, 그리고 남녀상렬지사(男女相悅之詞), 즉 남자와 여자는 할 일과 신분의 구분이 있다는 뜻의 주제로 문학이 추구하는 방향이 정해져 있어 독자로부터 외면 받고 있다.

그가 두줄시운동을 전개할 수 있었건 것은 그만큼 아이디어가 출중하며, 시조로 다져진 그의 실력 덕분에 가능할 수 있었다고 보아진다. 장문 시인은 인터넷 네이버에서 '시꽃마을'이라는 블로그에서 많은 시인들과 교류하면서 거기서 그는 '두줄시' 운동을 전개하고 있다. 두줄시를 쓰는 사람들은 시라는 장르의 예술적 특수성을 넘어 소통의 방법으로 놀이문화로서 시를 쓰고 있는 것이다. 장문 시인은 두줄시 시인들에게 두줄시를 창작하게 해 자신의 블로그에 포스팅해주면서 나중에 자신이 두줄시집을 낼 때 함께 올려주기로 약속했다고 한다. 그래서 이 시집 뒤편에 있는 작가들은 그때의 약속에 따라 게재된 시인들이니, 약속을 지키는 장문 시인의 모습이 아름답기도 하다.

모든 문학은 주제로부터 자유로워야 한다. 그런 맥락에서 한국두줄시인협회나 두줄시인들이 펼치는 문학운동은 박수를 받아 마땅하고, 이처럼 두줄시집 『바다에서 사람들은』을 펴내는 장문 시인에게 우레와 같은 박수를 보내는 바이다. 이처럼 절창의 아포리즘 두줄시를 읽을 수 있어 행복하다. 그리고 함께 참여한 김계은, 김연옥, 배인자, 이도경, 박상희, 이달우, 백목련, 라나, 고란초, 하얀백지, sincerely, 행복이 뭐 별건가요, oceanjeon54, 김성숙, 김운정, 김장술, 강우주, 그리운이, 김정화, 남양로, 녹현, 당찬돌, 만고, 박금래, 배중진, 산산수수, 신희목, 송광세, 이상진, 오의장, 유비, 윤채원, 정철성, 전국스타인천, 전지영, 줄리아, 추적향, 플로라, 황제는동쪽에서왔다 등의 두줄시 시인님들께도 박수를 보내드린다.

차례

2부. 꽃과 나

3부. 바다에서 사람들은

4부. 가을 공원에서

5부. 살다가 문득

6부. 두줄시 시인들 · 1

7부. 두줄시 시인들 · 2

8부. 두줄시 시인들 · 3

1부
첫눈 오는 날

자서전(自敍傳)

하나 더하기 하나는 2, 1 + 1 = 둘

4 - 2 = 둘, 넷 빼기 둘은 2

봄 · 2

가만히 겨울붕대를 풀어본다
이젠 눈이 멀어도 좋으리

연화(蓮華) · 11

두 발은 진창을 딛고도 미소 짓는 너는

세상의 향기~ 향기 ~ 향기 ~

동창생 · 1

그때 그 애가 나야

그때 그 애가 너야?

여와 야

與보게 국민 밤새 안녕하신가

野단났네 그려 안녕 못해서

달 · 7

손톱만 내밀더니 알아맞혀 보라 한다
순희일까 철수일까 영자일까

애련 · 7

풀잎이 흔들린다 바람 모습 찾자던 어리석음
마음 흔들리자 또 한 모습 찾자고 허공 바라봅니다

현충일 · 1

내 모습 할망구라고 먼 산 보지 마시고

꼭 한 번 안아주세요 여보

현충일 · 2

배 속의 아이가 칠순을 바라보는데
난 아직 새색시 되어 당신 품에 있습니다

오월의 삼각관계

소쩍새 울음 한 번 듣자고 서 있는 접시꽃이나
그 모습 바라보자고 서 있는 나나

장미

마지막 한 발을 딛지 말아야 했다
사랑이란 이유로 나의 탐(貪)이 가시에 찔렸다

불변

사당역 지나면서 사당(舍堂)을 모르듯
한해를 지나면서 내가 안 것 없습니다

겨울 속 두 사람

한 사람은 뼈 밭에서 덜덜 떱니다
한 사람은 꽃밭에서 신났습니다

첫눈 오는 날

나무들은 웨딩드레스를 입고
가로등은 첫날밤을 밝혀 주고

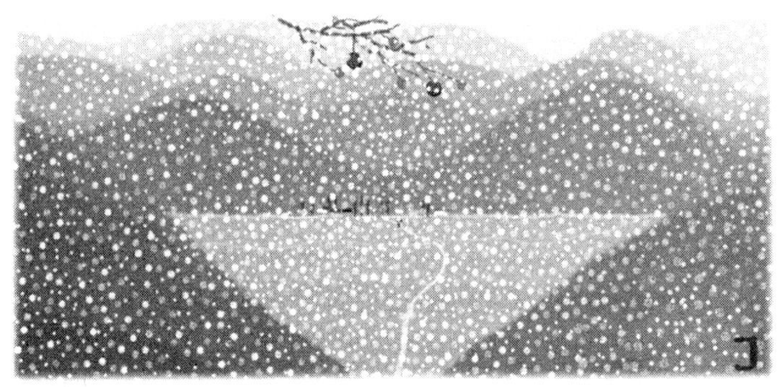

밤

포인트 아예 없는 자정의 어둠 속

생각을 던져 놓으니 별이 깜빡 입질한다

타워크레인

또 한쪽 날개가 되어 줄 짝이 오길 기다리는

비익조(比翼鳥) 한 마리

세월호 · 1

세월 지나면 조금은 치유될까

목 메인 사월

세월호 · 2

내 자식 한번 안아보고 싶은데

여전히 팔이 닿지 않습니다

퇴근길

새벽 두 시, 잠자는 거리에 깨어 있는 불빛들

너는 아니, 저 속의 삶을

2부
꽃과 나

조약돌

고향으로 들어서는 문이었다
잊었던 동무들이 우르르 달려 나온다

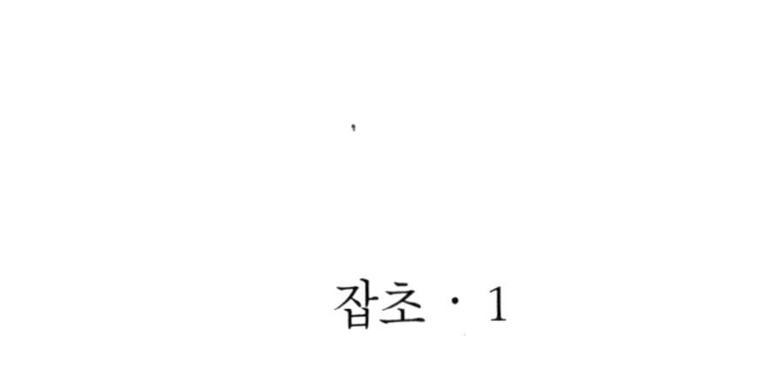

잡초 · 1

민둥산에 심은 나무 몇 그루냐

돌아보면 흔적도 없다

잡초 · 2

해거름 벌판에서 생각을 한다

살아가는 일에도 내비게이션을 달 수가 있다면

국화 · 1

어디서 왔다가 어디로 가는가
한쪽은 묻고 한쪽은 생각하고

봄 · 12

꽃길 걸어오실 이 그대 아닐까

바라보는 또 하루

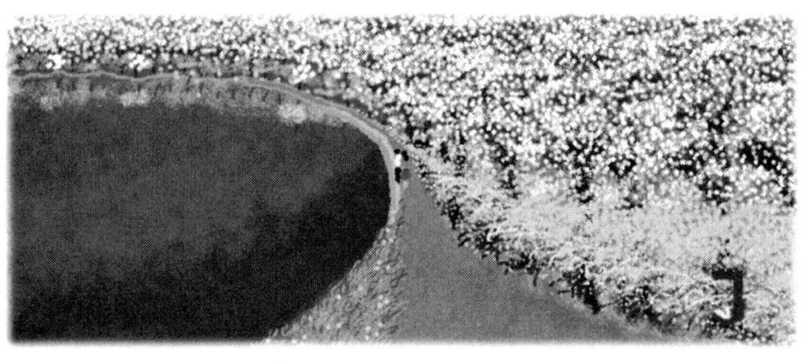

대발 아리랑

가려운 곳 많은 오천만을 위하여
효자손이 자란다

시계탑

시곗바늘 멈춘 적 없는데 언제나 그해 여름
오전 9시 30분입니다

꽃비

우산 없이도 젖을 일이 없으니

종일 맞는다

꽃과 나

너는 나를 싫어할지 몰라도

나는 네가 좋다

안부

나도 애 낳고 하루 세끼 밥 먹고 울고 웃으며

이게 행복인가 하고 살아갑니다

산다는 건

아흔아홉 고개 넘어 백 번째 고개 넘어

어디쯤 끝이려는지 또 한 고개

정동진

바다 앞에서 길을 잃었습니다
나 이제 어디로 가야 합니까

섬 · 4

뱃길은 오직 하나

불면(不眠)의 표를 끊다

현장 사람들

어제는 누군가의 고향을 지워 놓고

오늘은 누군가의 고향을 만드는

봄

이제 돌 지난 걸음 달려올 수 없는데

왜 이리 더딜까 투정하는 사람들

가을밤에 · 3

풀벌레는 이 밤을 입으로 읽고
사람은 가슴으로 읽고

달

내 마음의 깊이도 모른 채 너는 뛰어들고

너와의 거리도 모른 채 나는 네게로 간다

가을

들어오는 문도 나가는 문도 없는데
내 가슴에 머물다 가는

동물원에서

철망 하나로

세상을 가둬 놓은 새 한 마리

3부
바다에서 사람들은

눈

눈물 보이자고 내게 꽃이 되었나

속없는 사랑

눈사람

볼수록 닮았다
차라리 만들지 말 걸 그랬다

바다에서 사람들은

누가 그었나

영영 가는 상처를 두고 수평선이라 부른다

달 · 11

바람은 젖혀놓고 구름은 가려주고
누가 이기거나 말거나 그녀는 상관없다

능소화

고침단금 적신 밤이 전생에만 몇 날이냐
금생은 너무 짧아서 다 세는 이 없지요

가을 도토리

너는 왼쪽 길로 나는 오른쪽 길로
우리 십 년 뒤 꼭 다시 만나자

타향에서

마음속 리모컨의 재생버튼을 누른다
오늘도 지난날의 행복 시절 한 편

잠자리

아무도 탐내지 않는 그곳
네게는 낙토

파리

지은 죄 뭘까
빌어도 끝이 없는

안개

부드러운 곳 몇 필 끊어다
우리 딸 드레스 한 벌

애련 · 2

천둥 되어 울지 않아도 네 마음 알아
번개 되어 때리지 않아도 내 잘못 알아

연화 · 12

눈물을 바꿔 놓고 숙명도 바꿔 놓고
오늘은 보란 듯이 웃는다

폭설 · 3

다 지워 놓았으니 다시 써보라 한다

오늘을 산 너의 이야기

연못가에서

물수제비뜨던 그 자리
주인 없는 이야기만 하나 · 둘 · 셋…

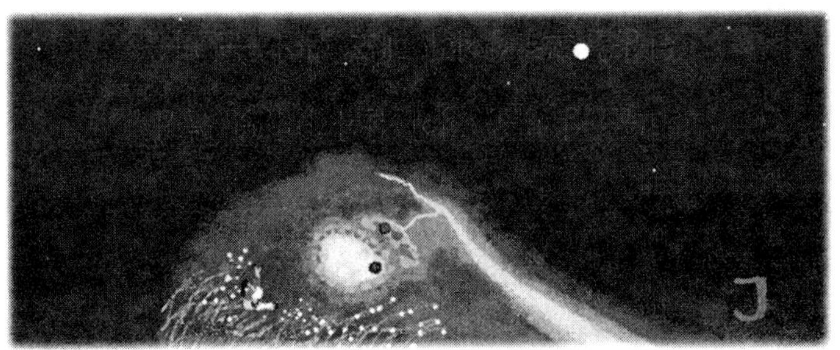

이런 인연

호수라면 깊이에 닿을 자 없고
바다라면 가슴 다 재볼 자 없는

폭설 · 2

공동의 문패를 달아본다

우리들의 눈 집 한 채

부부 · 3

고운 정 미운 정이 살아가며 맛 들면
된장을 고추장이라 해도 믿어주는 마음

풍경화

해가 그린 풍경 달이 그린 풍경
아직도 미완성 낙관을 본 적 없다

국화 · 2

보이는 건 다 가지려고 하더니
보이는 건 다 마다하고 간다

사제(師弟) · 2

수평선 너머 멀어도 마음 거리
내게 계신 임

도전 골든 벨

2008. 52번 문제에서 고민합니다
이쯤에서 찬스를 써야 할까 봅니다

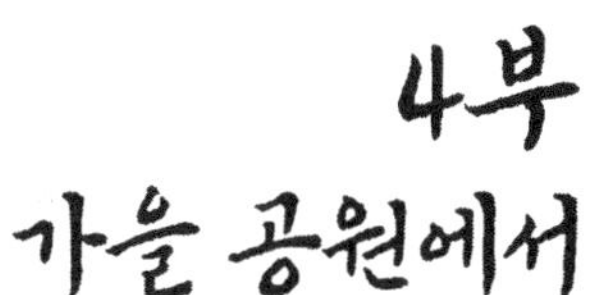

4부
가을 공원에서

목련 앞에서

올해도 나는

너의 화병이 될 수밖에

달 · 3

시집간 자식 애 가졌다는데 아들일까 딸일까
만삭의 보름달만 쓰다듬는 어머니

가을밤에 · 2

단지 하늘을 바라본 것뿐인데
돌아가는 길을 잃었습니다

잡초 · 5

오늘도 꺼내 보는 가슴 속의 꿈
쨍하고 해 뜰 날 찾아온단다

가을 공원에서

의자에 앉아 단풍 속에 빠지니
나도 물들어

산당화 · 1

명자가 불러 뜰로 나갔는데

만날 수 없어

산당화 · 2

소꿉동무 명자는 보이지 않고

가지마다 웃음 남겨 봄길로 부른다

국방색만 보아도

늘 지나치던 나무를 꽉 안아본다
군에 간 자식 생각에

애련 · 4

잠시 다녀올 듯 말없이 떠난 사람
스무 해 지나도록 소식도 없더란다

한 표 2017

"내가 임금"하기 전에 "나도 죄인"

그런 후보만이 희망

국민이 보기에

여와 야 선수는 많아도
이번만은 투 스트라이크 쓰리 볼

청문회

판을 엎자니 보는 이가 많고
계가까지 버티자니 만방이 뻔하고

객관식

다 아는데 무궁화만 모르는 것은

1. 안심, 2. 여심, 3. 수심, 4. 동심, 5. 민심

한국인

닮은듯하면서도 서로 다른
올챙이 메기 고래

여의도 · 1

저 혼자 핀 양 만심(慢心) 가득한데

오늘도 무심하다 모르는 체 하는 하늘

여의도 · 2

어쩌려 숱한 말만 저리도 낳는 걸까
잡초도 살지 못할 척박한 땅이 됐네

소녀상

청동 꽃 피어 있는 하늘 아래

하늘 부끄러운 무궁화

질문

만 년을 살았어도 말 없는 바위 앞에서
백 년의 일을 자랑하는 너는 누구냐

불가사의

– 벚꽃

네 나라는 악취(惡趣)가 나는데

네 몸에선 향기(香氣)가 난다

5부
살다가 문득

대선 축제

네 밥그릇 내 밥그릇

여기 놓자니 반찬이 멀고 저기 놓자니 수저가 없고

오늘의 운세

57년생 닭띠 : 만사형통, 재물 운이 가득하다
(오늘은 회사를 정리하고 폐업신고를 한 날)

시간 여행

흑백 사진을 보다가 마흔 개의 강을 건넜다

소년도 초가집도 낯익은 그곳

가장

바늘구멍에 두 발을 들여놓는
황소 한 마리

아파트

불 꺼진 창 · 창 · 창 피아노 건반 같은
귀 기울이면 들려오는 온 가족 행복 노래

살다가 문득

가끔은 모두 지우고 다시 쓰고 싶었다
우리 사는 일도 습작일 수 있다면

동반의 배

어디로 가느냐

파도를 타고 넘는 삼세(三世)의 항해

첫사랑 · 1

새끼손가락 말없이 걸어 주던

다섯 살 아이

첫사랑 · 2

풀꽃반지 끼워주며 여보 당신 부르던
그 계집아이

가을 나무와 낙엽

어서들 가 . 아프지 말고 잘 살아야 해

눈바래기하고 있다 그때 어머니도 그러셨지

재하 · 1

그 애가 내게로 왔다

꿈이면 깨지 마라

재하 · 2

딸 바보로는 모자라
손자 바보까지 됩니다

재하 · 3

발가락만 닮았으면 자랑도 안 하지
손가락도 닮아서 왼손 오른손 모두 다섯 손가락

재하 · 4

언제쯤 말을 할까

혼자 하는 스무고개

재하 · 9

집안에서 누가 최고일까

서열이 바뀌고 있다

재하 · 14

할 - 아 - 버 - 지 - 그래 재하야

언제쯤 통화할 수 있을까

재하 · 16

첫눈처럼 왔다
네 모습이 자꾸 쌓인다

6부
두줄시 시인들 · 1

소나기 · 1 외 10편

김 계 은*

바람이 가져간 그 사랑 하늘 끝에 닿았다
이리저리 흐르다 내 가슴으로 퍼붓는다

* 본명은 김은희, 아호: 혜민, 女. 경기도, 네이버블로그 : 별 따라 은하수 만들기

소나기 · 2

푸르게 멍든 하늘이 갑자기 시리게도 쏟아진다

하필 우산도 없었다

지금

선을 그어 놓고 바라봅니다
앞은 가리어진 채 뒤만 다 보여집니다

황혼에 묻다

들녘이 물들어서 단풍 든 줄 알았어
펄떡이는 내 청춘 지는 줄도 모르고

보릿고개

마른 가슴 젖 물리던 막내가 장성해도
넘기 힘든 고개에 아직도 서 계시는 어머니

여자 · 1

파도에 쓸려온 작은 조약돌
모래알이 될 때까지 흔들려야만 하는

여자 · 2

어매 입던 적삼 같은 금낭화가
어린 목청 울리는 내 뜨락에도 피었습니다

여자 · 3

손빨래가 시원하고 손마디가 굵어져서
결혼반지가 끼워지지 않을 때 가끔 떠나고 싶다

파도

혜엄치며 가라앉는 가을 바다에
홀로 지켜내는 뿌리의 상념들

11월 개나리

누군가 지나가는 장난으로 노크를 했다

문 열어 보니 아무도 없었다

아지랑이

언덕 위에 고개 내민 파릇한 쑥

간질간질 재채기한 동토의 숨

사과 외 9편

김 연 옥*

사과하러 가며 사과를 샀다
사과를 드리며 사과했다

---

* 경북 김천 출생, 예명은 한울타리, 女, 주부, 네이버블로그
: gksdnfxkfl333

휴가

십 년 만에 일박이일 부부 동반 여름휴가
빗소리도 밤늦도록 도란도란 보낸 밤

총각 선생님

친구들과 아카시아 줄기로 파마를 해줬다
예뻤다. 시집가도 됐었다

가지

모종 몇 개 심었다
가지마다 가지가 가지, 가지 달렸다

앞면 튼 사이

"야옹아?"

"냐."

민들레

내 일학년 때

짝꿍 닮은

연습

"어머니 사랑해요."

어색하다

등

아빠 마중 갔다 등에 업히면
둥근 달도 겅중겅중 신나게 따라왔다

내게 언니는

둘도 없는 경쟁상대

둘도 없는 단짝

무릇

가을엔 잡초도 열매를 맺는다는데
내 生(생)의 열매는 어디에

안개 낀 아침 외 6편

배 인 자*

앞 건물이 감쪽같게 사라졌다
불빛만 허공 속에서 나를 찾고 있다

---

* 女. 주부, 네이버블로그 : 아늑한 오두막

북두칠성

밤하늘 올려 보면 빛나는 별빛 국자
길 잃은 나그네의 보석 나침반

변신

우물물 퍼 올리던 작은 두레박
오늘은 제일 예쁜 꽃 화분

갯벌

숨었다 나타났다 숨바꼭질은 덤

갯마을 사람들의 화수분 보물창고

영감

영감이 오시면 창작품이 탄생하고
영감이 가시면 펜이 잠든다

변천

열두 식구 밥을 짓던 가마솥
두 식구 밥 지어 놓고 삐꾹 삐꾹

고무신

어릴 적 기뻤던 추억을 샀다
그때처럼 꼭 안고 잠이 들었다

봄 외 10편

이 도 경*

햇빛 반나절을 언덕 베고 누웠다가
소문난 얼음장 가슴 녹아나는 몽정(夢精)

---

* 예명은 J S day, 女. 부산. 서예학원장, 네이버블로그 : J S day

목련

겨우내 몸 불을까 노심초사하더니
이른 봄 양지쪽에서 산실을 차리려네

자목련

만삭을 채워가며 남이 알까 감췄다가
숫처녀 달거리하듯 와르르 피워낸다

좋은 날

술상 차려 놓고 임 불러 노래하면
주렴도 흥에 겨워 흔들흔들 춤춘다

초가집 이야기 둘

아랫목 자리끼가 제풀에 얼어 가면
차가운 열두 손바닥이 구들장을 데운다

아버지

당신의 등에 진 건 책임이란 멍에뿐

쓸쓸히 돌아누운 등이 소나무 등걸 같다

민들레

노란 철부지 정주간 넘나들다

어느새 백발

초가집 이야기 하나

안방에서 나눈 얘기 건넌방에 들릴까
노심초사 맘 졸이다 귀먹은 바람벽

할머니 셈법

주판 계산기는 만질 줄 몰라도
안 되는 계산 없지 두 주먹 열손가락이면

찾습니다

작은 손도장 흙 속에 묻혀버린

꽃시계 화석

바둑

바보들의 땅따먹기

둑을 쌓고 담은 쳐도 대문만은 달지 못하는

끝순이 생각 · 1 외 11편

시 냇 물*

날 저문 외양간에 온기 아직 남았는데
목줄만 덩그러니 내게 남은 끝순이

* 예명 시냇물, 경기도, 주부

끝순이 생각 · 2

끝순이 보고 싶어 모습 찾아 나섰다가
푸른 창 일기장 속에 울다 지친 아이야

연인

맞이하고 보내는 마음 그게 다 무엇인지
한 걸음 떨어지기 싫어 두 손 놓지 못하네

할미꽃

울음 뚝 그치면 들려주던 자장가
할머니 따듯한 등결 쪽진 머리 보이네

접시꽃

신록의 동산 아래 고향 집

어머니 계절 속에 핀 변치 않는 기다림

가계부

헤아려 쓰고서도 몇 번을 확인한다
마음을 결재하듯이 살아가는 명목들

백화주(百花酒)

향기에 취한 것이 꿈에서도 꿈을 꾼다
꽃마차 만들어 타고 초원 위를 달리는

길상사 꽃무릇

사는 내 화엄불상견 사찰 뜰 석산 무리
길상화 너도 사는가 향기 더욱 감돈다

능소화 · 2

담장 밖 수군대는 말 상처 줘도
임의 맘 닿을 수 있는 곳에 피고 질 수 있다면

동창생

지금은 남의 남자 남의 여자
그래도 꽉 안아주고 싶은 내 동무

도장

태어나 처음으로 목도장에 새긴 이름
백지 위에 찍어 보니 어여쁘다 빨간 꽃

목련

그대 보고 싶은 봄날
선뜻 그리움이 되어 주는 너

그리움 외 19편

백 목 련*

추억의 자리마다 앉아 노는 봄빛
셔터 종일 누르면 그대 모습 담아질까

* 예명 백목련. 女. 경북 경산. 대학교 간호학과. 네이버블로그 : 백목련(feelbaek227)

목련 나무 아래서

또다시 계절은 가고
오늘도 서 있는 마음 한마음

토끼풀꽃

꽃반지 만들어 손가락에 끼우고 나면
나는 어여쁜 일곱 살 신부

텃밭

새싹 자라는 키만큼 커가는 행복
이웃사촌 만나면 나누어도 갖고

매화

– 어머니

고향 집 화단에 매화가 피었습니다
생전의 당신 모습 꽃잎마다 앉았습니다

눈물

슬픔이 만든 진주, 행복이 만든 진주
담아 놓았다 꺼내 볼 수 있다면

가을

나뭇잎 하나 주워 들고
공연히 이 생각 저 생각에 잠겨보고

눈 오는 날

소나무에 피는 꽃 느티나무에 피는 꽃
나무는 달라도 피운 꽃말 그리움

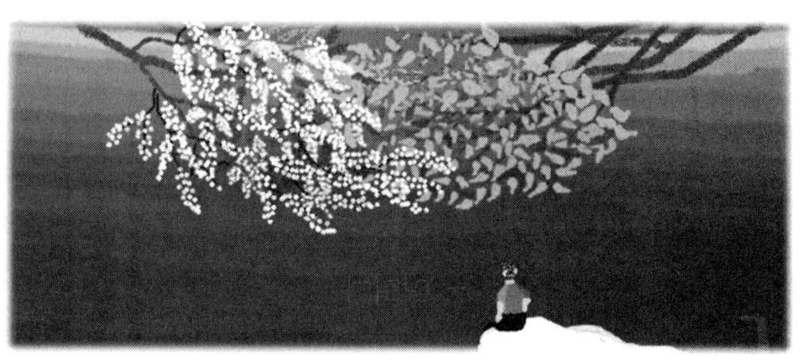

달밤에

둥근 달 띄워 놓고 끝말잇기 합니다
아 야 어 여 오 요 우 유 으 이

소나기

세차게 때리고 가면 그만입니다
그래도 그리움인 걸 어쩌라고요

밤나무

찾아줘서 고맙다고 알밤 하나 던져 주고
하나는 정 없다며 또 한 알 던져 주는

가을 속에서

얼굴 붉혀도 밉지 않은
단풍나무 아래

냉이

순이네 집으로 갈까 영희네 집으로 갈까
종일 생각에 잠긴 길목

수국

똑같이 분 바르고 연지곤지 찍고

"나 찾아봐라."합니다

장미

한 남자의 시선이 네게로 갔다
잠시나마 사랑을 빼앗겨 버린 나들이

가을밤

걸어도 걸어도 자꾸 그 자리
벗어날 수 없는 달빛 아래

그리움 그리기

빗방울이 만드는 보조개가 하나 둘 셋
발자국 따라가며 피어나는 오후

코로나 한가위

보고 싶어도 말 못하는 어버이 마음
가고 싶어도 가지 못하는 자식들 마음

코로나19

나의 일부분이 된 마스크
없이 살던 그때가 옛날로 되어 간다

이름

내 모습 어른이 되어도 부를 수 있는 이름

엄마 아빠

7부
두줄시 시인들 · 2

영가등 외 6편

박 상 희*

꿈속에 뵙던 모습 생시에도 뵐 수 있을까

작은 등불 켜 놓는 마음

* 예명 향기롭게, 충북 거주, 주부, 네이버블로그 : 향기롭게의 소소한 행복

까치집 · 1

바람에 흔들려도

남부럽지 않은 펜트하우스

까치집 · 2

삭정이 하나 허투루 보지 않는
건축의 미학

송년 · 1

흘려 놓고 온 나의 꼬리
잡아당기며 가는 세월

송년 · 2

에쿠우스는 유유자적

마티즈는 헐레벌떡

홍시

틀니 뺀 울 엄니 입술
루즈 발랐네

구찌뽕주 담그던 날

멀리 떠난 자식 찾아오지 않을까
소주에다 눈물 섞는 어머니

봄밤 외 1편

이 달 우*

달빛 부끄러운 창호에 다향 기우는 문설주

심지 돋우는 나그네 그림자 하나

* 본명 이달우, 예명 근이재, 男, 교수, 저서 『잡초교육론』 공저 『현대교육의 사상적』, 『교육의 철학과 사상』

어디로 가야 하나

온 길은 이미 잊었고
갈 길은 아직 모르고

달 외 1편

– 명절

라 나*

고향에 같이 가자 목메이는 네 모습
내년에는 내년에는 눈만 껌뻑 시린

---

* 필명은 라나, 女, 예명은 바람꽃. 대만 거주, 사업가

출가외인

아니 본다 돌아서서 미움까지 품어보나
마음은 그 자리를 헤매는 못난 정 하나

꽃과 나 외 1편

고 란 초*

오늘이 가고 나면 시들 줄 모르고 사는 너나
이 生이 한밤 같은 줄 모르고 사는 나나

* 필명은 고란초. 男. 소아과병원 원장

파도와 몽돌

몽돌이란 그 이름을 내가 갖기까지
너는 얼 만큼의 상처인지 알지 못했네

애련 외 1편

하 얀 백 지*

잠시 눈빛으로만 주고받은 인연이었더라면
아니면 옷깃만 스치고 지나친 인연이었다거나

* 필명은 하얀백지

애련 · 2

바닷가에 이르자 배는 떠나고
멀어지는 우리 사이 파도로 운다

밤바다 그림에 부쳐 외 1편

sincerely*

수평선 멀리
물안개 옷자락 끌며 걷던 밤 마중 길

---

* 女. 경기. 주부.

사막

모래 깊은 방에서 추억하는
바다 품은 비의 향기

노란 장판에게 외 2편

행복이 뭐 별건가요*

내 발바닥은 껌딱지처럼 붙어 따라오더니
울 할머니 발바닥은 왜 그리 미워했니

---

* 예명은 행복이 뭐 별건가요. 男. 미국
  네이버블러그 : 행복이 뭐 별건가요

쑥

하굣길 풀밭 위로 봄빛 노는 한 곳
일곱 살 손안 가득 쑥 잎 들고 할머니 생각

고양이끼리

어쩌다 너와 나의 눈이 마주쳤을까
마음도 서로에게 향해 있을까

느낌 외 2편

oceanjeon54*

반응의 입술 위

빛과 진주가 쌓일 때

---

* 필명은 oceanjeon54

삶이 그대를 속일지라도

빛아 사랑아 모든 송가들아
늑대처럼 범처럼 살아남아라

차라리

생활지원금만으로는 조금 더워
감성 여윳돈 10억을 꺼내 말어

8부

두줄시 시인들 · 3

기일에

김 성 숙*

그대를 위한 제사 준비
행여나 나물이 짜거든 내 눈물 보태진 줄 아시구려

---

* 김성숙, 필명은 솔이끼, 女, 교사, 경기

운문사에 핀 꽃

김 운 정*

운문사 비구니는 송이송이 목련꽃

인적 없는 숲에 숨어 바라보던 목련꽃

* 김운정, 男, 시인

차이

김 장 술*

위층 아이들 뛰는 층간 소음 심해도
내 손주 노는 소리 생각하면 멜로디

* 김장술, 필명은 고락산성, 男, 여수

어떤 이미지

강 우 주*

떠오르는 태양에게서 어머니의 모습을 대하고

어머니의 은혜에서 태양을 본다

---

* 강우주, 女, 경산

이중성

그리운 이*

알레르기 콧물 귀찮아도

내겐 가을 알림이

---

* 그리운이, 女

눈사람

김 정 화*

너의 손을 대신한 내 손에

우리의 행복을 만지고 싶다

---

* 김정화, 필명은 맑음, 女, 시인, 수필가, 경북 의성, 시집 『꽃의 실험』

슬픔

남 양 로*

가슴을 움켜쥐고 묻는다
차라리 빗물같이 흐르는 눈물이라면

* 남양로, 필명은 덕풍, 男, 전남.

돈

녹 현*

생명줄을 잡고 있습니다

늘렸다 줄였다 고무줄놀이 한창입니다

---

* 녹현, 女

낚시터에서

당 찬 돌*

태공의 신들린 손 춤을 출 때면
나도 질세라 붕순이의 물꽃이 곳곳에 핀다

---

* 당찬돌, 男

바름

만 고*

1 2 3 일이 아니고 이가 아니고 삼이 아니라고 합니다
아장아장 걷기시작한 아이가 일 이 삼 또박또박 말합니다

---

* 만고, 男

4월 한낮

박 금 래*

깨복장이 모여서 고추 모은다
저만치서 명자꽃 얼굴 붉고

* 박금래, 필명은 베어, 女

신작로 추억

배 중 진*

내 모습 노인이 되어도 이 길 들어서면
굴렁쇠 굴려가는 소년이 된다

---

* 배중진, 필명은 제이, 男, 시인, 미국

기도의 차이

산산수수*

아이들은 전지전능함을 온 마음으로 믿고

어른들은 전지전능함을 입으로만 믿는다

---

* 산산수수, 男.

뱃고동

신 희 목*

오는 길인가 가는 길인가
어둠 속에서 부르는 슬픈 노래

* 신희목, 필명은 목이, 男, 시인.

참, 이상도 하지

송 광 세*

기러기와 펭귄도 변치 않는 평생 해로
그들 세상에는 가정법원이 없다

* 송광세, 필명은 홍광, 男, 시인, 청주, 화폭시조집 『꾀꼬리 일기』

두줄시 단상

이 상 진*

두 줄이라 짧다 하지 말아요
사랑이란 말 한 마디도 세상 전부랍니다

* 이상진, 男, 시인, 시집 『사랑은 사랑하는 사람의 것이다』

문익점 그리기

오 의 장*

한 톨 임의 씨앗 있어 천 년 겨울 났으니
목화구름이불 만들어 임의 천 년 덮어 드리고저

* 오의장, 필명은 원시인, 男, 조각가, 시인, 화가

물레방아

유 비*

이미 흘러간 물로는 너를 돌릴 수가 없어
네 앞에 선 오늘도 추억의 필름을 돌린다

* 유비, 男, 독일

어머니 외 1편

윤 채 원*

사는 곳 어디일까 주소라도 알고 싶은데

이제는 꿈속에서도 아니 보이시는

* 윤채원 필명은 메리유, 女, 서울

오월 아카시아

감사해요

그리움이 내려앉은 천상의 향기

인생

정 철 성*

언제나 오늘이 있고 내일이 올 줄 알았는데
오는 줄만 알았지 가는 줄은 몰랐네

---

* 정철성, 男, 시인

살다가 문득

전국스타인천*

지금 내가 가는 이 길
지옥일까 천국일까

* 전국스타인천, 男.

떠나보낸 후

전 지 영*

모두 잊은 줄 알았는데, 모두 마른 줄 알았는데

눈물 강 세상에 흐른다

* 전지영, 필명은 플루이드 혹은 느루, 男, 대학생.

그리움

줄 리 아*

어둔 밤 가득 당신 모습만 그렸네

새벽이 오는 것도 모르고

* 줄리아, 女, 미국, 선교사

가을 속에서

추 적 향*

하루 몇 차례 오가는 버스를 타고
가고 싶다. 세월의 강 건넌 기억 속

---

* 추적향, 필명은 천사표, 女, 부산

개구리

플 로 라*

윗도리는 예비군 아랫도리는 카추샤
수는 적어도 초전박살 특공대

---

* 플로라, 女, 미국

무제

황제는 동쪽에서 왔다*

가야하는 길이 도(道)라면,

같이 가는 방법은 "어부"

---

* 男

장 문 두줄시집

바다에서 사람들은

초판발행일 2022년 11월 10일

지은이 : 장 문
발행인 : 김순진
편집장 : 전하라
디자인 : 김초롱
펴낸곳 : 도서출판 문학공원
등 록 : 2004년 3월 9일 제6-706호
주 소 : (우편번호 03382) 서울 은평구 통일로 633
녹번오피스텔 501호 스토리문학사
전 화 : 02-2234-1666
팩 스 : 02-2236-1666
홈페이지 : http://www.munhakpark.com
이메일 : 4615562@hanmail.net

※ 책값은 뒤표지에 있습니다.